AF266493

A Messieurs les Ministres

et les Représentants à l'Assemblée nationale.

PROPOSITIONS

I. — Sur le remboursement des frais de mobilisation.

II. — Sur les centimes additionnels.

III. — Sur la représentation des plus imposés aux Conseils municipaux.

IV. — Sur la perception des contributions directes.

V. — Sur les commissions des hospices et des bureaux de bienfaisance.

VI. — De la Magistrature.

Par M. Ange DE LÉON

ANCIEN MAIRE DE RENNES.

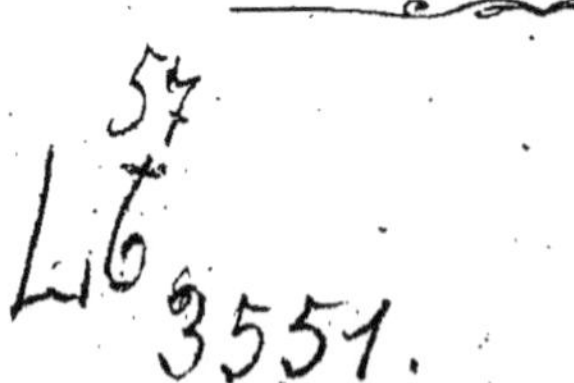

A Messieurs les Ministres
et les Représentants à l'Assemblée nationale.

I.

Sur le remboursement des frais de mobilisation.

Au mois de février dernier, j'eus l'honneur de vous soumettre quelques considérations sur cette importante question; daignez me permettre de les compléter au moment où vous êtes appelés à la trancher en discutant le projet de loi sur cette matière, que vous a soumis l'honorable M. René Brice.

La loi du 11 septembre 1871 porte : Art. 1er. « Les décrets des 22 octobre, 3, 22, 25 novembre 1870 sur la garde nationale mobilisée sont et demeurent abrogés.

« Toutes les dépenses imposées aux départements et aux communes pour la garde nationale mobilisée seront supportées par l'État. »

Art. 3. « Les sommes payées par les départements, les communes et les particuliers pour la garde nationale mobilisée.... leur seront remboursées sans intérêts, en cinq annuités égales, partir de 1872. »

Deux questions se présentent à résoudre :

1° Comment ces remboursements seront-ils effectués?

2° A qui profiteront-ils?

1° Comment ces remboursements seront-ils effectués?

La loi du 11 septembre 1871 pose, en principe, que les départements ont payé indûment les frais de mobilisation; que ces frais incombaient à l'État, et que l'État doit, en conséquence, rembourser intégralement les départements des avances qu'il lui ont faites en 1870.

Si ces sommes avancées n'avaient pas été dépensées, ou si l'État avait un capital égal disponible, rien ne serait plus facile que ce remboursement.

Mais, malheureusement, il n'en est pas de même. Ces sommes ont été entièrement dépensées et l'État ne possède aucun disponible. Comment fera-t-il donc face à ses engagements?

L'impôt des mobilisés, y compris les frais accessoires, s'élève à 150 millions environ. Il ne reste aucun disponible; vous ne pouvez donc les rendre aux contribuables qu'en levant de nouveau, sur ces mêmes contribuables, une seconde taxe égale de 150 millions que vous ne leur rendrez pas cette fois. Ils sont donc condamnés, soit en vertu des décrets de 1870, soit de la loi du 11 septembre 1871, à perdre nécessairement 150 millions qui sont passés dans les frais de la guerre. Qu'ils aient payé cette somme comme impôt départemental ou comme impôt de l'État, en fait peu leur importe, l'argent n'en est pas moins perdu dans les deux cas, et ils se soucient peu de la question théorique. Aussi ce qu'ils demandent, ce n'est pas un remboursement complet, qui est impossible, c'est seulement la réparation d'une inégale répartition.

Pour arriver à cette juste répartition, seule répartition réelle que le Gouvernement puisse offrir, est-il nécessaire d'inscrire 150 millions au budget de l'État; de prendre dans la poche droite du contribuable 150 millions pour les remettre dans sa poche gauche? Ne pourrait-on pas recourir à des moyens plus simples et moins irritants pour ceux qui ont déjà trop payé et qui seraient obligés de commencer par payer de nouveau, sauf à être remboursés plus tard?

Le procédé suivant me semblerait beaucoup plus avantageux : On répartirait cet impôt de 150 millions entre tous les départements, proportionnellement à l'importance de leurs rôles. On constaterait la somme que chacun d'eux eût dû payer et celle qu'il a versée réellement. Ceux qui auraient trop payé seraient remboursés de la différence en plus, ceux qui n'auraient pas payé assez rapporteraient la différence en moins.

De cette façon, la balance serait rétablie avec un faible mouvement d'argent sur les différences seulement de 20 à 25 millions, au lieu d'agir sur 150 millions. L'État ne serait plus en cause; il ne serait plus que l'intermédiaire entre les départements; il recevrait de l'un ce qu'il remettrait à l'autre, sans rien perdre ni rien gagner, et il affranchirait ainsi le budget et la bourse des contribuables de la somme de 150 millions; les départements en retard auraient seuls à acquitter leurs arriérés.

Cette répartition, dans la pratique, offrirait peu de difficultés. Les rôles qu'on fit en 1870 pour percevoir existent encore et constatent que chaque immeuble ou chaque patenté a payé; il suffirait donc de dégrever d'autant les rôles de 1873. Les contribuables qui étaient en noms en 1870 et qui ne le seraient plus en 1873 adresseraient leurs réclamations soit à l'administration, soit à ceux qui leur auraient succédé; cette opération donnerait très-peu d'ennuis aux employés des finances.

Ce système atteint le seul but que la loi du 11 septembre 1871 puisse raisonnablement se proposer : la réparation d'une injuste répartition; il est si simple et si avantageux à l'État et aux contribuables que j'ose espérer, Messieurs, que vous voudrez bien le prendre en sérieuse considération.

2° *Qui profitera du remboursement?*

Après avoir indiqué le mode de répartition qui nous semble le plus juste et le plus pratique, voyons qui profitera de ces remboursements? Sont-ce les contribuables ou les départements et les communes?

Cherchons dans la discussion de cette loi, dans son texte et dans les circulaires ministérielles le but que s'est proposé cette loi du 11 septembre 1871.

M. Destremx, rapporteur : « Le but de cette loi est de répartir d'une manière plus équitable les charges imposées aux communes et aux départements; quelques communes parvinrent à réaliser un emprunt, mais ce fut l'exception, et le cultivateur, le paysan, dut solder la taxe, la taxe immédiate au milieu de l'hiver.

M. le Ministre des finances : « Il s'agit de faire une répartition nouvelle et meilleure, de tenir compte aux communes, aux départements et aux particuliers qui ont fait des avances, des contributions qu'ils ont payées. — Les départements qui ont trop payé seront indemnisés, et ceux qui n'auront pas donné leur contingent auront à le fournir. Nous voulons faire la répartition équitable entre toutes les communes, les départements et les contribuables. »

M. Barascud : « Puisque l'Etat paie le capital, les communes ne doivent plus payer d'amortissements. Il importe de prémunir les départements et les communes contre les entraînements qui les portent à conserver des impositions qui n'ont plus d'affectations particulières, pour en appliquer le produit à d'autres dépenses. — Il ne faut pas que des charges, déjà considérables, soient aggravées par le maintien d'impositions qui n'auraient plus raison d'être. »

Le rapporteur : « Cet amendement est inutile : les départements et les communes ne pourront pas percevoir les impositions votées par eux pour le remboursement d'emprunts que l'État aura remboursés, et qui dès lors deviennent sans objet. »

M. Vagué : « Les habitants des campagnes virent avec transport le retour des mobilisés; eh bien, laissez-moi vous le dire, une joie différente, mais non moins vive, se manifestera parmi ces nombreuses populations, quand elles verront revenir ces centimes qui leur ont été injustement et illégalement enlevés. »

Après cette discussion, les termes de la loi sont précis : « les sommes payées par les départements, les communes et les particuliers leur seront remboursées. » Ils posent sur la même ligne les départements, les communes et les particuliers; le principe de leur action est le même; tous les trois réclament le remboursement de sommes qu'ils ont indûment payées. Si l'on ne rembourse pas les particuliers, il n'y a pas de raison de rembourser les communes.

La circulaire ministérielle du mois d'avril 1872, à l'occasion des votes des conseils généraux et municipaux, qui disposaient de ce futur remboursement en faveur du département ou de la commune, dit positivement que les remboursements doivent être effectués aux mains des contribuables eux-mêmes.

Le législateur peut-il s'exprimer d'une manière plus claire et plus conforme aux principes de l'équité? Cette loi du 11 septembre découle de l'axiôme que celui qui a reçu une somme qui ne lui était pas due la rend à celui qui la lui a payée indûment par force et par erreur, et non à son voisin. Les créanciers sont les départements et les communes pour les disponibles qu'ils ont fournis, les particuliers pour les centimes ou l'argent comptant qu'ils ont payés; c'est donc à ces trois personnes que l'Etat doit rendre selon ce qu'elles ont versé.

M. Brice lui-même reconnaît que telle est la loi du 11 septembre, puisqu'il demande qu'une nouvelle loi autorise les conseils généraux et les conseils municipaux, avec le concours des plus imposés, à détourner ces remboursements au profit des départements et des communes.

Malgré toutes les déférences que je dois à l'honorable M. Brice, je ne puis admettre une semblable proposition.

Le but de la loi du 11 septembre est de rembourser à celui même qui a payé cet impôt illégal. Si le contribuable ne reçoit pas directement ce remboursement, la loi n'a plus de raison d'être. Ce n'est pas le cas de faire un don gratuit de 150 millions aux communes et aux départements au moment où les particuliers succombent sous le poids des impôts et où l'État ne sait où prendre la rançon du pays. Ne provoquez pas les départements et les communes à de nouvelles dépenses en mettant à leur disposition des sommes de 100 p. 0/0 du principal. Ce remboursement appartient aux contribuables; on ne peut les en priver.

Les conseils généraux et municipaux sont les tuteurs de leurs administrés; approuverait-on un tuteur qui détournerait à son profit les remboursements qu'il recevrait pour le compte de son mineur? S'ils ont des besoins urgents, ne peuvent-ils pas voter des centimes additionnels?

Voyez quelles seraient les conséquences de ce projet. Cette loi que vous prétendez faire en faveur des contribuables se retournerait contre eux et leur deviendrait très-préjudiciable. En effet, après avoir payé 150 millions en 1870, pour les frais de guerre, ils paieraient de nouveau 150 millions de dons gratuits, c'est-à-dire 300 millions au lieu de 150 millions, sans rien recevoir. La loi ne peut être un leurre, elle ne peut manquer de sincérité. Si vous ne voulez pas rembourser les particuliers eux-mêmes, dites-le franchement; supprimez la loi, qui n'a plus de raison d'être; réduisez les budgets de l'État de 150 millions, mais ne venez pas condamner les contribuables à débourser une seconde fois ce tribut illégal, à payer 300 millions au lieu de 150 millions. Ces mesures fallacieuses répugneront, je n'en doute pas, à vos principes d'équité et de loyauté.

Enfin, Messieurs, si vous adoptez le système de la péréquation, vous pourriez à la rigueur autoriser les Conseils généraux et municipaux à disposer des différences qui seraient remboursées, parce que la somme qui reviendrait à chaque contribuable serait très-faible, et surtout parce que le particulier qui a trop payé ne serait pas remboursé, il est vrai, mais n'aurait au moins rien à débourser de nouveau, ce qui est très-différent.

<h2 style="text-align:center">II.</h2>

Sur les centimes additionnels.

Messieurs les Députés, daignez encore me permettre de vous suggérer une sage précaution.

Les départements et les communes ont pris l'habitude, sous l'Empire, de dépenser largement, pour frais d'agrément et de travaux plus ou moins utiles; ils sont encore dans les mêmes dispositions, comme le prouvent les décisions que quelques-uns d'entre eux ont prises au sujet du remboursement des frais de la mobilisation. Cependant, si l'Etat par nécessité, les départements et les communes pour utilité, grèvent à l'envi le contribuable, l'on arrêtera les progrès de l'agriculture et de l'industrie, l'on tarira les sources de la richesse, et la France tombera dans une détresse irrémédiable. Pour prévenir une telle calamité, votre sagesse ne jugerait-elle pas prudent de provoquer une loi qui interdirait aux déparements et aux communes d'imposer, jusqu'à nouvel ordre, de nouveaux centimes, et de continuer ou de remplacer ceux qui existent maintenant et qui ne sont pas affectés spécialement à tels travaux en voie d'exécution ou à tels engagements antérieurement contractés? Les contribuables vous seraient reconnaissants de protéger ainsi leurs fortunes privées contre cet esprit latent de communisme qui tend à grever le particulier au profit de la chose commune.

III.

Sur la représentation des plus imposés aux Conseils municipaux.

Un des moyens les plus efficaces de modérer cette tendance exagérée et de s'assurer de l'utilité réelle de la dépense projetée, serait d'autoriser non seulement les femmes, mais même les hommes et les tuteurs qui se trouvent portés parmi les plus imposés aux rôles des contributions, à se faire représenter au Conseil municipal quand ils y sont appelés. Aujourd'hui leur concours est complétement illusoire. Les distances et leurs occupations empêchent le plus grand nombre de se rendre à l'assemblée. Les plus imposés, ceux qui ont le plus grand intérêt à la bonne administration municipale, sont généralement les plus éloignés et ceux qui se présentent le moins souvent pour éclairer la discussion. Souvent ils sont convoqués au même moment dans plusieurs localités éloignées les unes des autres. Ainsi, par exemple, ils furent convoqués en 1869, pour les chemins vicinaux, le même jour; au mois de novembre 1870, à l'occasion de la mobilisation, dans les trois ou quatre mêmes jours dans le département entier. Évidemment, ils ne pouvaient se rendre partout où leurs intérêts les appelaient. Les fermiers, qui généralement paient les impôts, dans l'absence de leur propriétaire, qui est leur représentant naturel, ne peuvent faire entendre leurs raisons aux conseils et sont soumis à des taxes dont ils n'approuvent pas l'emploi. Je conçois qu'on ne puisse se faire représenter comme conseiller municipal; mais la réunion des plus imposés est un syndicat où les plus intéressés décident s'il est dans leur intérêt de faire des sacrifices pour l'objet qu'on soumet à leurs délibérations. Ils restent étrangers à l'administration en général de la commune, ils sont les représentants et les défenseurs des contribuables; une large part doit donc leur être assignée dans les décisions financières.

IV.

Sur la perception des contributions directes.

Il est une économie que l'opinion publique réclame depuis longtemps, c'est une modification profonde dans le nombre et dans le montant des honoraires des trésoriers-payeurs, des receveurs particuliers et des percepteurs.

Ces trois ordres de fonctionnaires sont rétribués en grande partie par des remises qu'ils prélèvent sur les recettes et dépenses qu'ils effectuent; en sorte que plus les impôts, les emprunts et les dépenses publiques se multiplient, plus leurs honoraires s'accroissent. Or, comme ces années-ci les emprunts et les impôts vont épuiser toutes les ressources de la France, leurs bénéfices monteraient dans des proportions incalculables; il est urgent de prévenir cette surtaxe inutile et de prendre des mesures immédiates à cet effet, sauf à discuter plus tard l'organisation la plus avantageuse.

D'après le projet de loi présenté à la Chambre par l'honorable M. Courcelle, le bénéfice des trois classes de trésoriers-payeurs seraient : fixes, 12,000, 9,000, 6,000 fr. ; remises, 129,000, 60,000 et 39,000 fr. nets de frais, qui sont couverts par quatre sources de profits, savoir :

1° La différence entre l'intérêt que paie l'État aux trésoriers-généraux et l'intérêt que ceux-ci paient aux déposants;

2° Les commissions du crédit foncier ;

3° Les commissions de la ville de Paris ;

4° Enfin les escomptes de papier sur Paris et autres places, recettes qu'on évalue à la moitié des bénéfices ci-dessus mentionnés.

On ne peut comprendre pourquoi l'on octroie un fixe à ces fonctionnaires pour les récompenser de vouloir bien gagner chaque année des sommes énormes. La première chose à faire est de supprimer immédiatement le fixe.

Le taux des remises est maintenant le même qu'au temps où le mouvement d'argent était très-restreint; puisque ce mouvement a pris des proportions immenses, ne serait-il pas opportun de réduire le taux des remises de moitié? Les honoraires resteraient encore de 60,000, 30,000 et 20,000 fr., selon la classe.

Les candidats seraient encore fort nombreux. Il serait important de choisir entre eux des hommes exercés aux affaires, instruits dans la théorie et la pratique des matières financières, capables, comme au temps des Mollien et des de Villèle, de former un conseil autour du Ministre, d'éclairer ses mesures, de discuter ses projets, de conserver les traditions et de prévenir ces essais imprévoyants qui ont signalé le dernier empire.

Le trésorier-général étant l'homme de l'État, doit offrir aux capitalistes autant de garantie que le Gouvernement lui-même, qui en est moralement responsable. Il doit donc lui être interdit de se mêler directement ou indirectement de tout autres affaires que celles que l'État lui a confiées.

Des receveurs particuliers. — Cette fonction était nécessaire lorsqu'elle fut instituée, à cause de la difficulté des transports de fonds. Mais maintenant que des communications faciles sont établies entre le chef-lieu et tous les points d'un département, cette place est devenue inutile et peut être supprimée sans aucun inconvénient; elle n'est plus depuis longtemps que le prix de quelques services personnels rendus à l'autorité.

Des percepteurs. — Nul ne pourrait être nommé percepteur avant d'avoir fait deux années de surnumérariat, ou prouvé qu'une blessure ou une infirmité contractées au service de l'État le rend impropre à continuer sa première carrière.

Il n'y aurait qu'un seul percepteur par canton; mais au lieu d'aller tous les mois dans les communes de sa circonscription, il ne s'y rendrait plus qu'une fois par trimestre. Le chef-lieu du canton étant ordinairement le centre des affaires, les contribuables y viennent volontiers payer leurs contributions.

Les remises seraient réduites pour les percepteurs, comme pour les trésoriers-généraux, de moitié; mais il leur serait garanti un minimum de 3,000 fr. dans les cantons ruraux; de 4,000 fr. dans les cantons comprenant tout ou partie d'une ville chef-lieu d'arrondissement; de 5,000 fr. dans un chef-lieu de département; de 6,000 fr. dans une ville de 100,000 habitants..... Il y aurait ainsi une hiérarchie établie entre les percepteurs, comme dans les autres parties.

Il conviendrait de choisir, autant que possible, les percepteurs parmi les habitants du canton. Un propriétaire de 3,000 francs de rente qui viendrait, par sa place, à doubler son revenu, sans quitter de chez lui, s'estimerait heureux, et l'on pourrait même, pour le retenir à la campagne, augmenter ses honoraires d'un vingtième tous les cinq ans.

Il va sans dire que dans l'application de ces mesures on prendrait le temps et les précautions nécessaires pour ménager des positions faites et des droits acquis ; on profiterait surtout des extinctions et des avancements pour obtenir le but proposé.

V.

Sur les commissions des hospices et des bureaux de bienfaisance.

Les commissions hospitalières et les bureaux de bienfaisance sont des institutions essentiellement municipales; ils ont une telle analogie qu'ils peuvent être régis par des lois semblables.

Leur mission est d'administrer le bien des pauvres, de conserver et d'augmenter les capitaux et d'employer les revenus de la manière la plus profitable.

On doit choisir, pour remplir ces fonctions gratuites, des hommes considérables de la cité, dont la position et la capacité inspirent la confiance et déterminent ainsi des donations.

Il importe qu'il y ait unité de vue dans la commission ; que ses membres soient homogènes, peu nombreux et, pour ainsi dire, inamovibles, afin qu'ils prennent à cœur les intérêts qui leur sont confiés, comme leurs propres affaires.

Les commissions, aujourd'hui, sont composées de six membres nommés par le Préfet ; chacune d'elles forme, pour ainsi dire, une famille. Elles administrent bien. Elles ont fait preuve d'une grande fermeté, quand elles ont forcé Napoléon III à retirer le décret qui ordonnait la vente des immeubles des pauvres. Conservons donc dans sa forme, en y apportant toutefois une notable amélioration dans le mode de nomination, une institution éprouvée, qui soit capable de repousser de nouveau les convoitises d'un gouvernement futur.

Les commissions continueraient donc d'être composées de six membres, comme maintenant, savoir :

1° Le Maire, représentant né de toutes les institutions municipales ;

2° D'un ecclésiastique nommé par l'Évêque diocésain, représentant de l'élément religieux, de la charité chrétienne et propre à provoquer d'utiles libéralités ;

3° Les quatre autres membres seraient nommés par le Préfet, sur les listes de trois candidats qui lui seraient soumises, l'une par la commission elle-même, l'autre par le conseil municipal.

Les membres seraient nommés pour cinq ans.

La commission se renouvellerait par cinquième, chaque année, afin que les anciens conservassent l'esprit de tradition, et que les nouveaux venus pussent apporter avec eux les idées d'innovations utiles.

Les membres sortants seraient toujours rééligibles.

Ces commissions, qui administrent des biens situés dans la commune, en tout ou au moins en partie, qui se préoccupent du soulagement des pauvres de la commune, qui reçoivent les offrandes des habitants, ont un caractère essentiellement municipal, entièrement étranger à la compétence des conseils généraux et de la magistrature, qui n'ont rien à revoir dans cet intérieur de famille.

Nous sommes d'avis de conférer au Préfet le droit de choisir, sur les listes qui lui seront présentées, les hommes qui lui sembleront les plus convenables, parce que son choix sera limité entre les personnes présentées par le conseil municipal et la commission; parce qu'il faut un arbitre entre les propositions de la commission et celles du conseil municipal; parce qu'enfin, dans une affaire qui intéresse à un si haut degré les pauvres et la société elle-même, il faut prévenir les dommages irréparables que pourraient entraîner les erreurs de suffrages.

Neuf ou onze membres, provenant de sources différentes, d'autorités rivales, apporteraient naturellement dans les conférences des idées d'antagonisme préconçues. Les discussions, les oppositions, les partis se produiraient; l'esprit de système y pénétrerait; chaque membre n'aurait plus seul sa branche d'administration dont il faisait son affaire personnelle; ces différentes raisons paralyseraient en partie l'action bienfaisante et active des commissions actuelles.

Ainsi je me résume :

1° Commission composée de six membres seulement, savoir : 1° le Maire; 2° un ecclésiastique; 3° quatre membres choisis par le Préfet sur les listes proposées par la commission elle-même et par le conseil municipal;

2° Rénovation de la commission par cinquième, chaque année; membres sortants toujours rééligibles.

VI.

De la Magistrature.

La loi sur la magistrature vient encore de sombrer à la seconde lecture. La troisième discussion se produira bientôt; il est donc utile d'appeler l'attention sur cette importante question.

La magistrature est l'autorité la plus haute et la plus respectée de la société civile. Elle est le sacerdoce temporel qui règle les actions extérieures des hommes, comme le sacerdoce spirituel dirige les aspirations des esprits et des cœurs. Elle est, pour ainsi dire, la révélation de l'attribut essentiel de la divinité, la justice. Les nations se soumettent à ses décisions et admettent ses arrêts suprêmes comme la vérité même.

Pour préparer les esprits à accepter l'infaillibilité de leurs sentences, les magistrats doivent offrir aux peuples la quadruple garantie de la science, de l'indépendance, de la vertu et du nombre; quatre qualités qui, réunies, offrent, malgré la fragilité de l'esprit humain, les plus grandes présomptions d'un jugement éclairé et impartial.

Le Gouvernement ne doit donc admettre dans la magistrature que des hommes qui possèdent, incontestablement, ces trois premières qualités, et il doit y ajouter lui-même la quatrième.

Il examinera attentivement les candidats qui lui seront présentés. Il s'assurera de la maturité de leur esprit en exigeant un certain âge, de leur capacité par un diplôme de docteur en droit, de leur caractère par un examen sévère de leur conduite privée et en les choisissant dans une situation personnelle qui ajoute à la dignité de leurs fonctions.

Le corps de la magistrature se compose de la magistrature assise et de la magistrature debout, toutes les deux nécessaires pour parvenir à rendre la justice.

La magistrature assise prononce les jugements, elle doit être indépendante; elle est inamovible.

La magistrature debout provoque les jugements et défend la loi et la société, elle n'a pas besoin de la même indépendance; elle est amovible.

L'ambition de l'avancement ne doit pas mettre le juge à la discrétion de l'autorité supérieure et diminuer l'indépendance que l'inamovibilité a pour but de lui assurer.

Le ministère public doit trouver dans la fermeté de son caractère une résistance invincible à toutes les séductions qui pourraient tendre à le détourner de son devoir.

Pour obtenir ces résultats indispensables, l'avancement doit s'opérer d'après des règles générales qui laissent le moins de prise possible à la faveur. Aucun magistrat ne pourrait être promu à une fonction supérieure sans avoir rempli trois ans au moins l'emploi immédiatement inférieur, et sans avoir passé par tous les degrés de la hiérarchie, en commençant par être substitut.

Les propositions devraient être faites par la magistrature elle-même. A cet effet, outre les listes proposées par le premier président et par le procureur-général, une commission composée d'un président de chambre, d'un avocat-général et de trois conseillers, tous élus par la cour entière, présenterait une troisième liste.

Sur quatre nominations, le ministre serait obligé de prendre trois fois l'un des candidats portés sur les listes de présentation; la quatrième fois, il pourrait nommer en dehors des listes pour prévenir le népotisme, des exclusions systématiques et afin de pouvoir transporter un magistrat d'un ressort dans un autre quand le besoin s'en ferait sentir.

La commission ci-dessus serait nommée pour cinq ans; elle se renouvellerait par cinquième chaque année; les membres seraient toujours rééligibles.

Le procureur-général, qui est le magistrat qui doit le mieux connaître son personnel, ne peut être privé de la prérogative de la présentation.

A la Cour de cassation, le premier président, le procureur-général et une commission composée comme celle énoncée ci-dessus, proposeraient des listes. Mais ils ne pourraient prendre leurs candidats que sur les listes de trois noms, que le premier président, le procureur-général et la commission ci-dessus, réunis en une seule commission, de chaque cour d'appel auraient transmis au greffe de la cour suprême.

Le désir d'augmenter ses appointements est certainement le motif qui pousse le plus à solliciter de l'avancement. Ne pourrait-on pas le neutraliser en partie, en transformant les honoraires en indemnités et en les calculant sur la présomption des dépenses déterminées par l'exercice de la fonction, plus que par la dignité hiérarchique, en sorte qu'une position moins élevée pourrait être plus rétribuée dans une grande ville qu'une fonction supérieure dans une ville moins considérable? Ne pourrait-on ramener les honoraires des premiers présidents et des procureurs-généraux à 10 ou 12,000 fr. par exemple?

Pour satisfaire quelques ambitions modestes, il conviendrait même, ce me semble, d'augmenter d'un vingtième, par exemple, tous les cinq ans, le magistrat qui serait resté ce temps dans le même tribunal et dans la même fonction.

Quand le Consulat réorganisa la magistrature, il établit vingt-sept cours d'appel et des tribunaux de première instance dans tous les chefs-lieux de département et d'arrondissement pour mettre la justice à la portée des plaideurs auxquels la destruction des voies de communication ne permettait pas d'aller à des distances éloignées.

Mais aujourd'hui que les moyens de transport sont faciles et que le nombre des procès a sensiblement diminué, on reconnaît que les juges ne trouvent plus les éléments de travail suffisant; que dans les petits tribunaux, les affaires sont souvent mal instruites et mal jugées, et que les hommes distingués, ne pouvant se soumettre à vivre dans de petites localités où ils ne trouvent aucunes ressources d'instruction et de société, refusent d'entrer dans la magistrature.

En réduisant, dans une juste proportion, le nombre des cours et des tribunaux, on remédierait à ces graves inconvénients et l'on réaliserait une économie qui permettrait de traiter généreusement les titulaires qui se trouveraient en disponibilité par suite du retrait d'emploi.

De la justice de paix :

On s'occupe de l'organisation des juges de paix; je suis convaincu qu'il serait très-fâcheux d'élever leur compétence, surtout en dernier ressort.

Les décisions du juge de paix manquent des garanties nécessaires. Le jugement d'un homme seul est bien sujet à l'erreur en outre, le juge de paix ne jouit pas de l'indépendance absolue qui protége les autres juges. Un jugement de tribunal est une œuvre collective, pour ainsi dire anonyme; le jugement du juge de paix, au contraire, est son œuvre personnelle, dont il est seul responsable envers l'État qui peut le destituer et envers les parties qu'il a blessées.

Les juges de paix rendraient les plus grands services dans nos campagnes s'ils étaient choisis, comme en Angleterre, parmi les hommes les plus considérables du canton, et si on entourait cette modeste magistrature de prérogatives honorifiques.

Admission des avocats :

Le barreau est une institution judiciaire nécessaire pour discuter les questions et éclairer la conscience des juges. Les avocats sont généralement versés dans la science des lois et des affaires ; il est juste qu'après un exercice effectif ils puissent s'asseoir sur les siéges devant lesquels ils ont plaidé longtemps, sans porter cependant un notable préjudice aux anciens magistrats. Il me semble que leur position devrait être assimilée à celle des magistrats qui auraient un tiers de moins d'années d'exercice dans la magistrature qu'ils n'en compteraient eux-mêmes au barreau. Ainsi l'avocat qui aurait douze ans de service au barreau serait assimilé au juge qui aurait huit ans d'exercice dans la magistrature, pour compenser les retards que les magistrats auraient éprouvés dans leur avancement.

A partir de 1882, les avocats qui voudraient passer dans la magistrature devraient présenter un diplôme de docteur en droit.

Les juges de paix et les avoués seraient admissibles dans la magistrature aux mêmes conditions que les avocats. Il n'en serait pas de même des notaires, dont la profession n'a aucune affinité avec la magistrature.

Tous ne pourraient être nommés que sur une présentation régulière.

A. DE LÉON.

Typ. Oberthur et fils, à Rennes. — M^{on} à Paris, rue des Blancs-Manteaux, 35.